Peter Gwiozda

Zahlungssysteme im Internet

Systematik und beispielhafte Transaktionsabläufe

GRIN Verlag

Bibliografische Information der Deutschen Nationalbibliothek:

Die Deutsche Bibliothek verzeichnet diese Publikation in der Deutschen National-
bibliografie; detaillierte bibliografische Daten sind im Internet über http://dnb.d-
nb.de/ abrufbar.

Impressum:

Copyright © 2011 GRIN Verlag GmbH
Druck und Bindung: Books on Demand GmbH, Norderstedt Germany
ISBN: 978-3-656-23895-9

Dieses Buch bei GRIN:

http://www.grin.com/de/e-book/197294/zahlungssysteme-im-internet

GRIN - Your knowledge has value

Der GRIN Verlag publiziert seit 1998 wissenschaftliche Arbeiten von Studenten, Hochschullehrern und anderen Akademikern als eBook und gedrucktes Buch. Die Verlagswebsite www.grin.com ist die ideale Plattform zur Veröffentlichung von Hausarbeiten, Abschlussarbeiten, wissenschaftlichen Aufsätzen, Dissertationen und Fachbüchern.

Besuchen Sie uns im Internet:

http://www.grin.com/

http://www.facebook.com/grincom

http://www.twitter.com/grin_com

Fachhochschule Koblenz

RheinAhrCampus Remagen

Fachbereich Betriebs- und Sozialwirtschaft

Studiengang Logistik & eBusiness

Themenspezifische Projektarbeit

„Zahlungssysteme im Internet (Systematik und beispielhafte Transaktionsabläufe)"

Erklärung über die selbständige Erstellung der Arbeit:

Ich versichere, dass ich die Arbeit selbständig verfasst und keine anderen als die angegebenen Quellen und Hilfsmittel benutzt habe.

Ich bin damit einverstanden, dass die Arbeit durch Dritte eingesehen und unter Wahrung urheberrechtlicher Grundsätze zitiert werden darf.

Peter Gwiozda

Inhalt

Abbildungsverzeichnis

Abkürzungsverzeichnis

AES	Advanced Encryption Standard
B2C	Business-to-Consumer
bzw.	beziehungsweise
d.h.	das heißt
DES	Data Encryption Standard
ELV	elektronisches Lastschriftverfahren
EPS	Electronic Payment Systems
i.d.R.	in der Regel
SET	Secure Electronic Transaction
SMS	Short Message Service
SSL	Secure Socket Layer
z.B.	zum Beispiel

1.Einleitung

Seit Jahren setzt sich der Trend fort, dass immer mehr Menschen einen Computer für private, als auch berufliche Zwecke nutzen und immer öfter ins Internet gehen. So wurden im ersten Quartal 2009 über 29,5 Millionen Einkäufe im Internet getätigt.[1] Viel häufiger nutzen die Menschen das Internet zum Einkaufen, so auch viele Unternehmen, die über den Onlinevertrieb ihre Waren und Dienstleistungen veräußern. Dies hat zu Folge, dass viele Unternehmen immer mehr Wert auf den Onlinevertrieb setzen und teilweise ihre Waren und Dienstleistungen nur noch Online vertreiben. Der Online Einkauf ist so manchen Verbrauchern viel bequemer als das übliche Einkaufen im Geschäft. Oft gibt es Waren im Internet günstiger zu kaufen als im Handel und die Ware wird bis vor die Haustür geliefert. Für viele Unternehmen bietet der Onlinehandel eine zusätzliche Möglichkeit den Umsatz zu steigern. Durch schnellere Zahlungsmöglichkeiten und dadurch schnelleren Versand, sind Kunden zufriedener und die Unternehmen verkaufen mehr Waren. Je attraktiver der Internetauftritt des Unternehmens dabei ist, desto höher sind auch dessen Chancen zusätzliche Gewinne durch den Onlineverkauf zu erwirtschaften.

Dabei gibt es verschiedene Wege die Ware zu bezahlen. Die traditionellen Zahlungssysteme sind Zahlung auf Rechnung, Zahlung per Nachnahme, Vorkasse durch Überweisung und die Zahlung mit der Kreditkarte. In den letzten Jahren sind aber neue elektronische Zahlungssysteme (Electronic Payment Systems; im weiteren Verlauf der Arbeit mit EPS abgekürzt) erschienen und haben sich erfolgreich durchgesetzt. Diese Zahlungsweise heißt ePayment. Dazu zählen unter anderem PayPal, ClickandBuy oder Zahlen mit der Kreditkarte. Die EPS verfolgen Ziele wie Benutzerfreundlichkeit, Sicherheit und geringe bzw. keine anfallenden Kosten für den Nutzer.

In dieser Projektarbeit wird auf die Zahlungssysteme im Internet aus Sichtweise der Unternehmen und Privatverbraucher, die verschiedenen Zahlungssysteme und deren Funktionsweise, sowie die Vor- und Nachteile samt Risiken und Sicherheiten der Zahlungssysteme eingegangen.

---

[1] Vgl. Destatis (2010) - Fast 30 Millionen Menschen kaufen über das Internet ein; URL: http://www.destatis.de/jetspeed/portal/cms/Sites/destatis/Internet/DE/Presse/pm/zdw/2010/PD10__010__ p002.psml [Stand: 10.04.2011; Erstellung: 09.03.2010]

Für viele Verbraucher stellt sich immer wieder die Frage ob EPS wirklich sicher sind und welcher Nutzen gezogen werden kann. Im weiteren Verlauf der Arbeit werden wir auf verschiedene Faktoren der EPS eingehen und auch Beispiele aufzeigen, um die theoretischen Inhalte mit Situationen aus der Praxis zu bereichern.

2. Zahlungssysteme im Internet

Der Vertrieb von Waren im Internet hat sich in den letzten Jahren gesteigert und gewinnt immer mehr an Popularität. Zum einem weil es die Waren dort meistens günstiger gibt als im Einzelhandel, aber auch weil diese bequem nach Hause geliefert werden. Oft bieten die Online-Händler sogar einen Kostenlosen Versand an, sobald eine bestimmte Einkaufssumme erreicht wird. Die Zeit für die Fahrt zum Einzelhandel und den Transport nach Hause fällt damit weg, was zu einer Minderung der Opportunitätskosten führt und vor allem bei großen Haushaltsgeräten viel Aufwand erspart.

Vor der Einführung von EPS wurden die Einkäufe im Internet über die traditionellen Zahlungsmöglichkeiten abgewickelt. Hierzu zählen, wie bereits erwähnt, Zahlung per Nachnahme, Zahlung auf Rechnung, Zahlung per Vorkasse durch Überweisung und die Zahlung mit der Kreditkarte. Viele Verbraucher empfinden diese Arten der Zahlung, z.B. Nachnahme oder Zahlung auf Rechnung als sehr sicher, da man dadurch seine Kontodaten nicht ins Internet stellen muss. Der Käufer tätigt entweder eine Überweisung bei der Hausbank, oder bezahlt den Lieferanten, sobald dieser die bestellte Ware anliefert.

Heutzutage werden jedoch immer öfters EPS für die Zahlungen im Internet genutzt. Diese haben gegenüber den traditionellen Zahlungssystemen oft geringere Kosten. Für den Kauf einiger Produkte, wie z.B. einem MP3 Lied, welches ca.80 Cent kostet, würde sich eine Zahlung mit einer Kreditkarte gar nicht lohnen, da hier die Transaktionskosten viel zu hoch wären. Auf der einen Seite muss der Händler die Transaktionskosten tragen und der Verbraucher trägt die Zinsen für die Kreditkartenausschöpfung.[2]

Johannes Hanschke verdeutlichte dies in seinem Buch mit folgendem Zitat: „Möchte ein Leser beispielsweise eine neuartige multimediale Zeitschrift mit seiner Kreditkarte erwerben, in der Audioaufnahmen von Interviews enthalten sind, wäre dieser Vorgang nicht möglich, da die Transaktionskosten höher wären als der angebotene Preis zum Erwerb der Zeitschrift. Hätte der Zeitungsverleger die Absicht, einzelne Seiten oder

---

[2] Vgl. SRBG - Kreditkarte und Gebühren – Welche können anfallen?; URL: http://srbg.de/kreditkarte-und-gebuehren-welche-koennen-anfallen.html [Stand 13.04.2011; Erstellung: o.J.]

ganze Artikel zu veräußern, wären diese Verkäufe nur auf Basis von Cent-Beträgen möglich, welche einen Kauf über die Kreditkarte von vornherein ausschließen würde".[3]

Durch die Entwicklung neuer EPS sinken diese Transaktionskosten erheblich, so dass sich auch Zahlungen mit geringen Beträgen lohnen. Durch das rasante Wachstum an Online Shops wurden neue Zahlungssysteme für das Internet entwickelt. Viele Kunden, vor allem Neukunden, wollen auch nicht ihre Kreditkarten- bzw. Kontodaten preisgeben oder einem Lastschrifteinzug zustimmen, da es oft zum Missbrauch der Daten führt und man bei der nächsten Kreditkartenabrechnung Beträge von Einkäufen aufgelistet bekommt, die man nie getätigt hat. Durch die speziellen Zahlungssysteme muss der Kunde seine Bankdaten nicht an den Online Händler weiter geben. Damit die Zahlungssysteme jedoch erfolgreich etabliert werden, müssen Komfort, Sicherheit und Schnelligkeit gewährleistet sein. Die Erfüllung dieser Gewährleistungen ist Grundvoraussetzung für das Bestehen am Markt.

Obwohl es immer mehr verschiedene Zahlungssysteme im Internet gibt, zählt die traditionelle Überweisung noch zur meistgenutzten Methode der Zahlung. Bei einer von der BITKOM und Forsa durchgeführten statistischen Erhebung für Zahlungsarten im Internet nutzten im Jahr 2010 immer noch 41% der befragten die Zahlung auf Rechnung, während 36% der Verbraucher Zahlung per Vorkasse nutzten. Internetbezahlsysteme nutzen bereits 17% der Verbraucher. Im Jahr 2008 waren es nur 11%.[4] Die Zahlung durch Internetbezahlsysteme ist zwar gestiegen, jedoch wickelt die Mehrheit der Verbraucher ihre Zahlungen überwiegend noch über die traditionellen Bezahlmethoden ab.

---

[3] Hanschke, Johannes (2007): Zahlungsverkehr im Internet, S.5, 2. Auflage, GRIN-Verlag
[4] Vgl. Statista (2010) – Welche Zahlungsarten nutzen Sie für Einkäufe im Internet; URL: http://de.statista.com/statistik/daten/studie/2631/umfrage/genutzte-zahlungsarten-fuer-einkaeufe-im-Internet/ [Stand: 16.04.2011; Erstellung: 19.05.2010]

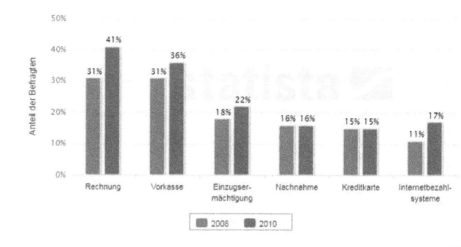

Abbildung 1. Genutzte Zahlungsarten für Einkäufe im Internet (Quelle: www.statista.com)[5]

2.1 Unterteilung nach dem Zeitpunkt der Zahlung

Zahlungssysteme werden aufgeteilt in sogenannte „Pay now", „Pay later" und „Pre-Paid (auch Pay before genannt)" Systeme. Diese Systeme unterscheiden sich in der Art des Zeitpunkts der Zahlung.[6]

- Pay now: Beim Pay now System wird das Konto genau zu dem Zeitpunkt belastet, indem der Einkauf getätigt wird. Ein Beispiel dafür ist der Anbieter PayPal. Nach dem Einkauf wird das PayPal Konto des Kunden belastet. Anschließend wird der belastende Betrag mittels Lastschrifteinzug von der Bank abgebucht.

---

[5] Statista (2010) – Welche Zahlungsarten nutzen Sie für Einkäufe im Internet; URL: http://de.statista.com/statistik/daten/studie/2631/umfrage/genutzte-zahlungsarten-fuer-einkaeufe-im-internet/ [Stand: 16.04.2011; Erstellung: 19.05.2010]
[6] Vgl. Lammer, Thomas (2007): Handbuch E-Money, E-Payment & M-Payment, S.60, 1.Auflage, Physica-Verlag

- Pay later: Beim Pay later System wird das Geld erst nach einer bestimmten Zeit vom Konto abgebucht. Als Beispiel für dieses System kann die Kreditkartenzahlung herangezogen werden. Der Einkauf wird mit der Kreditkarte bezahlt und die Karte wird mit der Summe belastet. Am Ende des Monats erfolgt dann die gesamte Begleichung der Ausgaben.
- Pre-Paid (Pay before): Beim Pre-Paid System wird eine Guthabenkarte, z.B. Paysafecard, mit einem Geldbetrag nach Wahl aufgeladen. In Online Shops kann diese Zahlungsmethode dann z.B. mit der Paysafecard durchgeführt werden. Mit einem 16-stelligen Pin-Code wird die Karte beim Einkauf autorisiert. Das Guthaben der Paysafecard reduziert sich dann um den Kaufpreis der Ware. Um Einkäufe zu tätigen, muss die Karte immer über ein Guthaben verfügen. Reicht das Guthaben einer Karte nicht aus, so kann man auch mehrere Paysafecards verwenden, wenn diese über ein Guthaben verfügen.[7]

Abbildung 2 stellt die drei Kategorien der Zahlungssysteme dar und zeigt, welche Systeme in der jeweiligen Kategorie auftauchen.

---

[7] Vgl. Meier/Stormer (2009): eBusiness & eCommerce: Management der digitalen Wertschöpfungskette, S.160 ff, 2.Auflage, Berlin: Springer Verlag

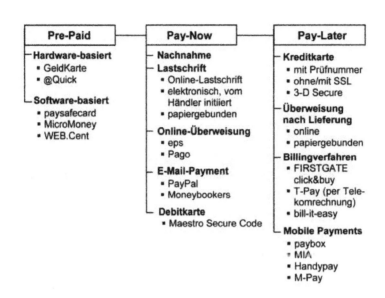

Pre-Paid	Pay-Now	Pay-Later
Hardware-basiert • GeldKarte • @Quick **Software-basiert** • paysafecard • MicroMoney • WEB.Cent	**Nachnahme** **Lastschrift** • Online-Lastschrift • elektronisch, vom Händler initiiert • papiergebunden **Online-Überweisung** • eps • Pago **E-Mail-Payment** • PayPal • Moneybookers **Debitkarte** • Maestro Secure Code	**Kreditkarte** • mit Prüfnummer • ohne/mit SSL • 3-D Secure **Überweisung nach Lieferung** • online • papiergebunden **Billingverfahren** • FIRSTGATE click&buy • T-Pay (per Telekomrechnung) • bill-it-easy **Mobile Payments** • paybox • MIA • Handypay • M-Pay

Abbildung 2. Kategorisierung von Internet-Zahlungssystemen (Quelle: Lammer, 2007)[8]

---

[8] Lammer, Thomas (2007): Handbuch E-Money, E-Payment & M-Payment, S.59, 1.Auflage, Physica-Verlag

3. Zahlungssysteme aus Sicht der Käufer

Schon im Jahr 2008 belief sich der Gesamtwert für Bestellungen von Modeartikeln im Internet auf 4,6 Milliarden Euro in Deutschland. Im Vorjahr waren es 3,9 Milliarden Euro und somit ergab sich eine Steigerung von 18,2% gegenüber dem Jahr 2007.[9] Diese Umsätze sind aber nur möglich, wenn der Käufer dem Online-Shop vertraut. Dazu gehört auch das richtige Zahlungssystem, damit der Kunde sich bei der Bezahlung auch sicher fühlt. Die Zahlungssysteme im Internet müssen bestimmte Anforderungen erfüllen, damit der Verbraucher diese auch benutzen wird. Diese sind Sicherheit, Benutzerfreundlichkeit, geringe Kosten, Anonymität und Authentizität. Diese Anforderungen unterscheiden sich aus der Sicht der Käufer und der Händler. In diesem Kapitel wird auf die Sicht der Käufer eingegangen. Die Sicht der Händler folgt im nächsten Kapitel.

Die Sicherheit ist für die meisten Nutzer von Zahlungssystemen die größte Anforderung, die das System erfüllen muss. Die Weitergabe der Bankdaten ist oft ein Punkt, bei dem sich die Nutzer gegen das Zahlungssystem entscheiden, da sie Angst vor dem Missbrauch der Bankdaten im Internet haben und durch die Weitergabe der Bankdaten auch deren Anonymität nicht gewährleistet wird.[10] E-Payment Produkte, wie die Paysafecard, sind daher sehr gut angesehen, da die Nutzer keine Bankdaten veröffentlichen müssen. Wie bereits erwähnt, kann die Paysafecard im Einzelhandel erworben werden und die Transaktion mittels des 16-stelligen Pins erfolgen. Dabei ist keine Angabe der Bankverbindung über das Internet erforderlich. Auch ein Treuhand-Service und Käuferschutz bietet dem Anwender einen zusätzlichen Schutz. Einige Anbieter wie z.B. PayPal bieten solch einen Käuferschutz an. Sollte die bestellte Ware z.B. nicht verschickt oder nicht ordnungsgemäß der Beschreibung entsprechen, so erstattet PayPal dem Käufer den vollen Kaufpreis und die Versandkosten.[11]

---

[9] Vgl. Angeli, Susanne / Kundler, Wolfgang (2009): Der Online-Shop – Handbuch für Existenzgründer – Business-Plan, eShop-Systeme, ePayment, Behörden, Online-Recht, Marketing u.v.m., S.240ff, 3.Auflage, München: Markt+Technik Verlag
[10] Vgl. Haftmann, Andreas (2009): Die Bedeutung von Zahlungssystemen im Internet: Eine Analyse des Einflusses der zahlungsverfahren im B2C-E-Commerce, S.15, München: GRIN-Verlag
[11] Vgl. PayPal: PayPal-Käuferschutz, URL: https://www.paypal-deutschland.de/sicherheit/schutzprogramme/kaeuferschutz.html [Stand: 17.04.2011; Erstellung: o.J.]

Die Kosten für die Nutzung von Zahlungssystemen spielen für den Verbraucher auch eine wichtige Rolle. Vor allem wenn er kein Händler, sondern ein Kunde ist. Wird ein Produkt im Internet gekauft und der Verkäufer bietet die Zahlung über verschiedene Zahlungssysteme an, so entstehen für den Käufer in den meisten Fällen keine zusätzlichen Kosten. Die Kosten für die Transaktion trägt in der Regel der Verkäufer. Beim Anbieter PayPal trägt z.B. nur der Verkäufer die Kosten für die Transaktion. Für den Käufer fallen bei PayPal keine Gebühren an. Bei der Kaufabwicklung über PayPal wird auch keine Rechnung für die Eröffnung eines PayPal Kontos erstellt.[12]

Damit der Benutzer überhaupt ein Online Zahlungssystem benutzt, muss eine entsprechende Benutzerfreundlichkeit vorliegen. Die Bedienoberfläche sollte überschaubar und verständlich sein. Die Zahlungsfunktion hingegen mit wenigen Mausklicks durchführbar sein und ohne größeren Aufwand, wie z.B. zusätzlicher Software auf dem Computer, realisierbar sein.

Die Anonymität des Käufers muss gewährt werden. Im Internet ist eine vollständige Anonymität, wie man sie aus der Barzahlung im Einzelhandel kennt, nicht gegeben. Deshalb müssen bei EPS die persönlichen Daten vertraulich behandelt werden.[13] Die Daten dürfen nicht an Dritte weiter gegeben werden.

Die Abbildung 3 zeigt die Ergebnisse einer Umfrage der Universität Karlsruhe zum Thema Zahlungsmittel und Zahlungssysteme. Diese ergab, dass die meisten Verbraucher hohen Wert auf geringe Kosten, Stornierungsmöglichkeiten, einfache Handhabung und Absicherungen im Schadensfall legen.

---

[12] Vgl. Jonetzki, Antonius (2010): Rechtsrahmen innovativer Zahlungssysteme für das Internet: Am Beispiel von PayPal, S.58 ff, Frankfurt: Peter Lang
[13] Vgl. Lo Coco, Thomas (2008): Akzeptanz von E-Payment, S.13, München: GRIN-Verlag

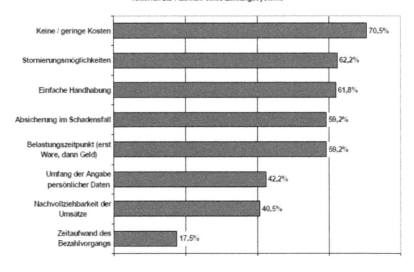

Abbildung 3. Kriterien zur Auswahl eines Zahlungssystems (Quelle: Hilka, 2002)[14]

---

[14] Hilka, Tobias (2002): Zahlungsmittel und Zahlungssysteme, Seminar „Digitale Bibliotheken",
Universität Karlsruhe, WS 02/03, S.23

4. Zahlungssysteme aus Sicht der Händler

Da immer mehr Unternehmen national und international ihre Waren zum Verkauf im Internet anbieten, sollten die Händler auch verschiedene EPS in Betracht ziehen. Die richtige Auswahl eines EPS ist für den Händler sehr wichtig. Dabei muss der Betreiber des Shops ein EPS zur Verfügung stellen, welches den Anforderungen der Kunden entspricht. Um die Anforderungen der Benutzer zu erfüllen, muss der Betreiber ein Zahlungssystem zur Verfügung stellen, welches Sicherheit , eine schnelle Abwicklung von Transaktionen, eine attraktive Benutzeroberfläche und niedrige bzw. keine Kosten für den Benutzer aber auch für den Händler selbst bietet.

Die Sicherheit ist für den Händler, sowie für den Kunden ein wichtiger Aspekt. Wirtz schrieb bereits im Jahre 2001: „Die Sicherheit des Zahlungssystems zeichnet sich als die wichtigste Anforderung aus, da die sichere Transferierung von Kundendaten als einer der sensibelsten Bereiche des Electronic Business gilt. Dabei kann die Sicherheit eines Zahlungssystems an den bereits definierten Merkmalen Vertraulichkeit, Integrität und Authentizität verifiziert werden".[15] Jedes EPS hat andere Sicherheiten zu bieten. Unter Sicherheit muss auch berücksichtigt werden, wie oft oder ob überhaupt ein EPS ausfällt. Bei EPS die schon länger auf dem Markt etabliert sind, lässt sich durch Meinungserfahrungen oder Statistiken genauer feststellen, wie sicher ein System ist, im Gegensatz zu EPS die erst seit kurzem auf dem Markt sind. Für den Händler muss auch eine Zahlungssicherheit gegeben sein. Das geringste Risiko eines Zahlungsausfalls hat der Händler, wenn die Zahlung des Kunden vor der erbrachten Leistung des Händlers erbracht wird. Zahlung per Vorkasse bietet dem Händler somit die größte Sicherheit vor dem Zahlungsausfall.[16] Bei vielen EPS, wie z.B. PayPal, kann der Händler sofort einsehen ob der Kunde bereits bezahlt hat. Zur sicheren Übertragung der Daten und Zahlungen, sollte der Händler darauf achten, dass die Übertragung über eine SSL-Verbindung Übertragen wird (In Kapitel 5.1 wird näher auf SSL eingegangen).

Die Bezahlung über ein EPS ist in der Regel kostenlos für denjenigen der einen Kauf über das Internet durchführt. Jedoch trägt der Verkäufer die Kosten für die Transaktion.

---

[15] Wirtz, Bernd W. (2001): Electronic Business, S.615, 2.Auflage, Gabler Verlag
[16] Vgl. Haftmann, Andreas (2009): Die Bedeutung von Zahlungssystemen im Internet: Eine Analyse des Einflusses der zahlungsverfahren im B2C-E-Commerce, S.10, München: GRIN-Verlag

Alle EPS verlangen eine Gebühr für die Auszahlung. Immer wenn ein Kunde etwas über ein EPS bezahlt und der Händler sich vom Anbieter des Zahlungssystems das Geld auf sein Konto auszahlen lassen will, muss dafür eine Gebühr bezahlt werden (z.B. beim Verkauf über Ebay, mit Zahlungsmethode PayPal, muss bei der Transaktion des Geldes vom PayPal Konto auf das eigene Konto eine Gebühr bezahlt werden. Somit müssen bei einer Auszahlung beide Parteien bezahlen, egal ob Gewerblich oder Privat). Der Verkäufer sollte deshalb darauf achten, wie hoch die monatlichen bzw. jährlichen Gebühren sind, welche Transaktionskosten anfallen, sich über die Anschaffungskosten informieren und was im Falle von Zahlungsausfällen passiert.[17]

Eine schnelle Bezahlung über ein EPS ist ebenfalls sehr wichtig. Die Transaktion sollte, sobald die Bezahlung vom Kunden durchgeführt wurde, beim Verkäufer innerhalb einiger Sekunden sichtbar sein. 2009 schrieb Haftmann „Diese Zeitspanne reicht bei einigen Zahlungssystemen über mehrere Tage, bei anderen Systemen erfolgt die Bestätigung sofort".[18] Wird z.B. bei Ebay ein Artikel gekauft und PayPal als Zahlungsmethode ausgewählt, so werden nach dem Kauf die benötigten Daten auf der PayPal Oberfläche eingegeben und bei der Bestätigung wird das PayPal Konto sofort belastet. Der Verkäufer kann darauf hin direkt einsehen, ob sein PayPal Konto auch mit dem Betrag gutgeschrieben wurde. Dadurch kann der Verkäufer den bezahlten Artikel direkt versenden. Dem Käufer wird dann der Kaufpreis entweder von seinem PayPal Guthaben abgezogen, oder wie in den meisten Fällen per Lastschrift innerhalb der nächsten 2-5 Tage vom Bankkonto abgebucht. Der Verkäufer kann sich ebenfalls das auf dem PayPal eingegangene Geld auf sein Bankkonto auszahlen lassen. Für die Auszahlung zahlt er, wie bereits erwähnt, eine Gebühr. Das Geld geht dann innerhalb 2-5 tagen auf sein Bankkonto ein.

Abbildung 4 zeigt die verschiedenen Geschwindigkeiten und ebenfalls die Zahlungsausfallsicherheit der verschiedenen Zahlungsmethoden.

---

[17] Vgl. Lo Coco, Thomas (2008): Akzeptanz von E-Payment, S.14, München: GRIN-Verlag
[18] Haftmann, Andreas (2009): Die Bedeutung von Zahlungssystemen im Internet: Eine Analyse des Einflusses der zahlungsverfahren im B2C-E-Commerce, S.11, München: GRIN-Verlag

	Vor-kasse	Nach-nahme	Last-schrift	Rech-nung	Kredit-karte	E-Payment	M-Payment	E-Geld
Zahlungs-ausfall-sicherheit	sehr hoch	sehr hoch	gering	sehr gering	sehr hoch	sehr hoch	sehr hoch	sehr hoch
Geschwin-digkeit	gering	gering	gering	sehr gering	sehr hoch	sehr hoch	sehr hoch	sehr hoch

Abbildung 4. Zahlungsausfallsicherheit und Geschwindigkeit (Quelle: Haftmann, 2009)[19]

Sehr wichtig für den Einsatz eines EPS, ist die Benutzeroberfläche. Der Händler muss ein Zahlungssystem auswählen, welches für den Käufer eine attraktive Benutzeroberfläche darstellt und ohne erhöhten Aufwand bedient werden kann. Für die Nutzung der EPS sollten sowohl keine zusätzliche Hard- oder Software als auch bestimmte Vorkenntnisse von Nöten sein.[20] Für den Händler lohnt sich der Einsatz eines EPS, indem der Kunde vorher kein Geld auf das EPS einzahlen muss, da dies aus Kundensicht oft als negativ betrachtet wird.[21] So schrieb Dombrecht im Jahre 2008 „Auch die Händler profitieren von einem einfach zu nutzenden Zahlungssystem, da weniger Kunden den Bestellprozess im Online-Shop aufgrund von Problemen mit der Bezahlung abbrechen".[22] Durch diese Aussage wird klar, dass viele Waren, die sich bereits im Warenkorb des Shops befinden, beim Bezahlvorgang abgebrochen werden, weil die Bezahloberfläche zu kompliziert gestaltet ist und oft zu viele private Daten vom Kunden verlangt werden. Deshalb sollte sich der Händler an ein EPS halten, welches über eine schlichte Benutzeroberfläche verfügt und bei dem der Kunde den Bestellvorgang mit wenigen Klicks abschließen kann ohne dabei verwirrt zu sein. Die Oberfläche sollte so gestaltet sein, dass in wenigen Sekunden die Bestellung abgeschlossen ist, d.h. der Käufer sollte schnell alle wichtigen Informationen erblicken können, damit die benötigten Daten direkt eingegeben werden können, ohne sich durch mehrere Seiten klicken zu müssen.

---

[19] Haftmann, Andreas (2009): Die Bedeutung von Zahlungssystemen im Internet: Eine Analyse des Einflusses der zahlungsverfahren im B2C-E-Commerce, S.12, München: GRIN-Verlag
[20] Vgl. Lo Coco, Thomas (2008): Akzeptanz von E-Payment, S.13, München: GRIN-Verlag
[21] Vgl. Dombret, Bastian (2008): Zahlungssysteme im Internet: Marktüberblick und Perspektiven, S.27, Norderstedt: Books on Demand Verlag
[22] Dombret, Bastian (2008): Zahlungssysteme im Internet: Marktüberblick und Perspektiven, S.27, Norderstedt: Books on Demand Verlag

Kann ein Händler diese Anforderungen erfüllen, so kann für Ihn der Einsatz eines EPS zum Vorteil sein. Nur wenn die Verbraucher sehen, dass das EPS den Anforderungen entspricht, werden die Einkäufe auch durchgeführt und beim Bezahlvorgang nicht abgebrochen, weil das EPS ein Hindernis darstellt. Abbildung 5 zeigt die Akzeptanz sowie die Abbruchquoten der einzelnen Systeme.

	Nur Vorkasse	Nach- nahme	Last- schrift	Rech- nung	Kredit- karte	E- Payment
Akzeptanz	21 %	23 %	55 %	84 %	53 %	44 %
Abbruchquote	79 %	58 %	36 %	10 %	36 %	42 %

Abbildung 5. Akzeptanz und Abbruchquoten der unterschiedlichen Zahlungssysteme (Quelle: Haftmann, 2009)[23]

Die Abbildung 6 zeigt, worauf die Verbraucher bei einem EPS Wert legen, damit der Kauf getätigt wird und nicht vor dem Bezahlvorgang die Bestellung abgebrochen wird. Neben bereits erwähnten Punkten wie z.B. Absicherung im Schadensfall, fordern die Kunden auch immer öfters schnelle Lieferzeiten und einen guten Kundenservice wie z.B. eine Hotline.

Absicherung im Schadensfall anbieten	74,0 %
Übertragung sicherer machen (mehr Verschlüsselung anbieten)	64,2 %
Vielfältiges Angebot an Bezahlmethoden durch Händler	60,8 %
Rechtslage verbessern	44,0 %
Service der Shops verbessern (Lieferzeiten verkürzen, Hotline, ...)	41,7 %
Bedienung und Handhabung von Zahlungssystemen einfacher machen	35,8 %
Shopdesign verbessern (Navigation, Artikelbeschreibung, ...)	34,0 %

Abbildung 6. Forderungen von Verbrauchern an Händlern mit EPS (Quelle: Rüttinger, 2003)[24]

---

[23] Haftmann, Andreas (2009): Die Bedeutung von Zahlungssystemen im Internet: Eine Analyse des Einflusses der zahlungsverfahren im B2C-E-Commerce, S.14, München: GRIN-Verlag
[24] Rüttinger, Stefan (2003): Homepage-Erfolg: Wie Sie im Internet mehr Geld verdienen, S.173, Norderstedt: Books on Demand GmbH

5. Sicherheit bei Zahlungssystemen

Die Sicherheit ist bei den Zahlungssystemen der wichtigste Faktor. Ist die Zahlung nicht verschlüsselt, so besteht die Möglichkeit, dass die Daten offen im Internet übertragen werden und so von Hackern abgerufen werden können. Die Folgen wären Datenmissbrauch, was oft mit hohen Kosten für die Opfer verbunden ist. Für die meisten Zahlungssysteme wird die Verschlüsselung mit Secure Socket Layer (SSL) verwendet. Bei Kreditkartenzahlungen wird oft das Secure Electronic Transactions (SET) Verfahren angewendet. Diese beiden Methoden werden in den nächsten zwei Kapiteln genauer erläutert

5.1 Secure Socket Layer

Bei der SSL Verschlüsselung wird der Inhalt verschlüsselt durch das Netz übertragen. Ob eine Internetseite mit SSL verschlüsselt ist, erkennt am anhängenden „s" am http, also https. Jeder Internetbrowser unterstützt die SSL Verschlüsselung und SSL ist ebenfalls die meistgenutzte Verschlüsselung im Internet.[25] Bei der SSL Verschlüsselung wird die hybride Kryptographie benutzt. Es gibt jeweils einen privaten (symmetrische Verfahren) und einen öffentlichen Schlüssel (asymmetrische Verfahren). Dabei wird der öffentliche Schlüssel für die Verschlüsselung der Daten benutzt und der Private für die Entschlüsselung. Der Private Schlüssel ist aus dem öffentlichen Schlüssel nicht zu generieren.[26] Zur Verschlüsselung kann DES, Triple DES oder AES verwendet werden. Neben einer sicheren Datenübertragung gewährleistet SSL einen authentischen Datentransfer. Dadurch wird sichergestellt, dass der Server und der Browser autorisiert und wahrhaftig sind.[27]

---

[25] Vgl. Lenz/Schmidt (2004): Die elektronische Signatur, S.80ff, 2.Auflage, Deutscher Sparkassenverlag
[26] Exner, Andre (2008): Secure Socket Layer – Sicherheit im Internet, S.5, München: GRIN-Verlag
[27] Vgl. Wannenwetsch, Helmut H. und Nicolai, Sascha (2004): E-Supply-Chain-Management: Grundlagen-Praxisanwendungen-Strategien, S.232, 2.Auflage, Gabler Verlag

Sicherheitsprofil von SSL	
Vertraulichkeit der Daten	Schutz sensibler Daten vor Dritten durch verschlüsselten Transfer, jedoch nicht vor unlauter Weiterverwendung.
Authentizität der Teilnehmer	Zertifikate bestätigten die Identität des annehmenden Servers.
Integrität der Daten	Prüfung, ob die versendeten Daten vollständig und unverändert bzw. unberührt sind.

Abbildung 7. Sicherheitsprofil von SSL (Quelle: Wannenwetsch/Nicolai, 2004)[28]

5.2 Secure Electronic Transactions

Das Sicherheitssystem SET wird oft bei Kreditkartenzahlungen eingesetzt und wurde 1996 von VISA und Mastercard mit Hilfe von IBM, Microsoft und Netscape entwickelt. Um das SET Verfahren zu nutzen, müssen sich beide Parteien bei einer Zertifizierungsstelle registrieren. Dadurch erhalten beide ein Zertifikat. Der Kunde benötigt noch zusätzlich einen SET-Wallet. Dieses Wallet speichert die Daten und tauscht diese mit dem Verkäufer. Der Käufer muss sich bei jedem Zahlungsvorgang mit einer ID und einem Password anmelden. Der Verkäufer benötigt einen SET-Server. Dieser kann sich dann mit dem Wallet des Käufers austauschen und kommuniziert auch mit der Bank des Verkäufers.[29] Dadurch werden beim Kaufvorgang die Zahlungsinformationen, z.B. die Kreditkartennummer und Prüfziffer verschlüsselt übertragen und können nicht manipuliert werden. Der Verkäufer hat zwar die Möglichkeit die Daten einzusehen, jedoch kann er diese nicht ändern. Gleichzeitig werden die Daten in der Kreditkartenzentrale durch einen Set-Payment-Gateway gesendet und überprüft. Im positiven Fall wird dann die Zahlung frei gegeben.

---

[28] Wannenwetsch, Helmut H. und Nicolai, Sascha (2004): E-Supply-Chain-Management: Grundlagen-Praxisanwendungen-Strategien, S.233, 2.Auflage, Gabler Verlag
[29] Vgl. Meier/Stormer (2009): eBusiness & eCommerce: Management der digitalen Wertschöpfungskette, S.157, 2.Auflage, Berlin: Springer Verlag

6. Welche Arten von Zahlungssystemen gibt es und wie funktionieren diese

Wie bereits im zweiten Kapitel erwähnt, gibt es drei verschiedene Modelle von Zahlungssystemen. In den nächsten unterkapiteln wird auf die wichtigsten Zahlungssysteme eingegangen. Dabei wird berücksichtigt, welche Anforderungen diese für den Kunden und Händler erfüllen und wie die einzelnen EPS Anbieter funktionieren.

6.1 Überweisung

Die Zahlung per Vorkasse durch Überweisung ist die traditionelle Art eine Bestellung zu bezahlen. Die Überweisung ist trotz der verschiedenen Zahlungssysteme immer noch eine der meist genutzten Zahlungsmethoden. Laut der IZV9 Studie macht beim Handel zwischen Privatpersonen die Überweisung einen Anteil von 69% aus und beim B2C Bereich einen Anteil von 22%.[30] Für viele Händler ist die Bezahlung per Vorkasse durch Überweisung eine der sichersten Methoden. Denn hier wird die Ware erst nach Geldeingang verschickt, so dass dem Händler kein Zahlungsausfall durch den Käufer droht. Für den Käufer besteht jedoch das Risiko, dass der Händler trotz Geldeingang die Ware nicht verschickt. Eine einmal ausgeführte Überweisung, die dem Konto des Empfängers bereits gutgeschrieben wurde, lässt sich auch nicht mehr stornieren. Für den Händler ist die Überweisung somit die sicherste Art sein Geld zu bekommen, jedoch kann Sie für den Käufer ein Risiko darstellen, da hier kein Käuferschutz besteht. Um jedoch zu überprüfen, ob der Händler Seriös ist und eine sorglose Zahlung per Vorkasse gewährleistet ist, gibt es verschiedene Vergleichsportale im Internet wie z.B. www.billiger.de, auf denen viele Verkäufer bewertet werden und der Käufer sich so selbst informieren kann wie seriös der Verkäufer ist.

Jeder Händler bietet die Zahlungsmethode Vorkasse an. Dies hat für den Käufer auch den Vorteil, dass er sich nicht bei einem EPS-Anbieter registrieren und somit auch nicht seine Bankverbindung im Internet preisgeben muss. Nach einem getätigten Kauf

---

[30] Vgl. Dr.Krüger, Malte, et al (2008): Internet Zahlungssysteme aus Sicht der Verbraucher, S.28, Universität Karlsruhe

bekommt der Käufer i.d.R. eine Bestätigungsemail mit der Bankverbindung des Händlers. Mit diesen Daten kann die Überweisung bei der Bank durchgeführt werden oder auch per Online-Banking erfolgen. Die Überweisungssumme wird dann an die Bank des Händlers transferiert und dem Konto gutgeschrieben. Nach Geldeingang wird die Ware dann an den Käufer verschickt.

Da hier die Lieferadresse und die Bankverbindung des Händlers ausgetauscht werden, besteht eine Authentizität, da beide Seiten identifiziert werden können.[31] Die Anforderung der Anonymität ist bei der Vorkasse, aber auch bei den meisten anderen Zahlungssystemen nicht gegeben. Bei der Bestellung muss der Kunde zwangsweise seine Adresse angeben (außer man holt die bestellte Ware ab) und der Händler seine Bankverbindung. Durch die Weitergabe der Bankverbindung kann es für den Händler aber auch eventuell zum Datenmissbrauch kommen, da der Händler nicht weiß, wie seriös der Käufer ist und wie vertraulich die Daten behandelt werden.

In Abbildung 8 wird dargestellt, wie eine Banküberweisung in den einzelnen schritten abläuft.

---

[31] Vgl. Pfanner, Tobias (2010): Zahlungssysteme im Internet, S.12, München: GRIN-Verlag

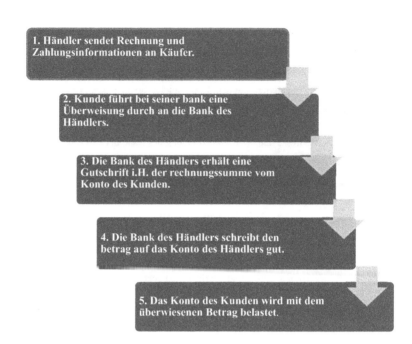

1. Händler sendet Rechnung und Zahlungsinformationen an Käufer.

2. Kunde führt bei seiner bank eine Überweisung durch an die Bank des Händlers.

3. Die Bank des Händlers erhält eine Gutschrift i.H. der rechnungssumme vom Konto des Kunden.

4. Die Bank des Händlers schreibt den betrag auf das Konto des Händlers gut.

5. Das Konto des Kunden wird mit dem überwiesenen Betrag belastet.

Abbildung 8. Transaktionsablauf einer Überweisung (Quelle: Eigene Darstellung)[32]

6.2 Elektronischer Lastschrifteinzug

Der elektronische Lastschrifteinzug ist ebenfalls ein weitverbreitetes Zahlungssystem. Viele Online-Shops wie z.B. Amazon nutzen den Lastschrifteinzug als Zahlungsmittel. Die Zahlung per Lastschrifteinzug ist nach der Banküberweisung und Kreditkartenzahlung das meistgenutzte Zahlungsmittel.[33] Beim Lastschrifteinzug muss der Käufer selbst keine Überweisung durchführen. Nach dem Bestellvorgang übermittelt der Käufer dem Händler seine Bankverbindung, mit der der Händler dann seine Bank veranlassen kann die Summe vom Bankkonto des Kunden abzubuchen.

---

[32] Eigene Darstellung
[33] Vgl. Dr.Krüger, Malte, et al (2008): Internet Zahlungssysteme aus Sicht der Verbraucher, S.27, Universität Karlsruhe

Der Aufwand für die Bezahlung des Lastschrifteinzugs ist für den Käufer sehr gering, da er dem Verkäufer lediglich seine Bankverbindung übermitteln muss und der Zahlungsprozess in Folge automatisiert abläuft.

Im Gegensatz zur Banküberweisung, kann das Lastschriftverfahren innerhalb von 6 Wochen widerrufen werden. Dadurch hat der Käufer mehr Sicherheit, falls die bestellte Ware nicht geliefert wird. Da beim ELV die Bankdaten durch das Internet übermittelt werden, sollte das größte Augenmerk darauf liegen, dass die Daten mithilfe von SSL verschlüsselt übertragen werden. Auch hier gilt, wie bei der Überweisung, sich vorher über die Seriosität der Online-Shops zu informieren.

Beim ELV besteht für den Händler jedoch ein höheres Risiko des Zahlungsausfalls. Ist das Konto des Käufers nicht gedeckt, so wird die Lastschrift wieder zurückgesetzt und die dafür anfallenden Gebühren fallen für den Händler an, auch wenn er das Geld nicht bekommt. Die lange Frist für die Stornierung der Lastschrift erhöht nochmals das Risiko des Händlers. Denn auch nach Erhalt der Ware kann das ELV, bis zu 6 Wochen danach, storniert werden.[34]

Auch hier ist Anonymität nicht gegeben, da der Käufer seine Bankverbindung preisgibt. Wie bei der Banküberweisung, kann es auch hier zum Missbrauch der Daten kommen, da die Bankdaten des Käufers im Internet weiter gegeben werden. Hier muss darauf geachtet werden, dass die Daten verschlüsselt weiter geleitet werden.

Da beim Online-Kauf oft eine schriftliche Einzugsermächtigung fehlt, kann es zu Problemen mit dem Einzug führen, da eine Rechtmäßigkeit des Einzugs gegenüber der Bank oft nicht belegt werden kann.[35]

Abbildung 9. zeigt den Ablauf eines Lastschrifteinzugs.

---

[34] Vgl. Pfanner, Tobias (2010): Zahlungssysteme im Internet, S.16, München: GRIN-Verlag
[35] Bächle, Michael und Lehmann, Frank R. (2010): E-Business: Grundlagen elektronischer Geschäftsprozesse im Web 2.0, S.101, München: Oldenbourg Wissenschaftsverlag

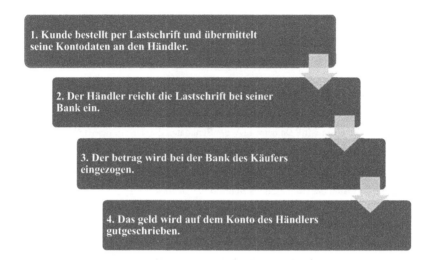

Abbildung 9. Transaktionsablauf eines Lastschrifteinzugs (Quelle: Eigene Darstellung)[36]

6.3 Nachnahme

Die Nachnahme ist auch ein traditionelles Zahlungssystem. Bei der Nachnahme wird die Ware erst bei Lieferung bezahlt. Der Käufer bestellt ein Produkt im Online-Shop und wählt Nachnahme als Zahlungsmethode aus. Jedoch sind bei der Nachnahme die Versandkosten höher als bei Vorkasse oder Lastschrift, da der Lieferant eine Nachnahmegebühr nimmt. Nach der Bestellung wird das Produkt ausgeliefert. Der Paketzusteller bringt die Sendung zum Empfänger und dort muss der Empfänger der Ware die Rechnung direkt an den Zusteller bezahlen. Die Firma des Zustellers überweist dann den Betrag auf das Konto des Verkäufers.

Bei dieser Methode müssen weder Käufer noch Verkäufer die Daten miteinander austauschen. Der Käufer muss nur seine Lieferadresse angeben. Durch die Weitergabe der Lieferanschrift ist keine 100%ige Anonymität geboten, jedoch ist die Anonymität

---

[36] Eigene Darstellung

höher als z.B. bei der Lastschrift, da keine Bankverbindung an Fremde weiter geben werden muss.

Die Sicherheit bei Zahlungsausfällen ist hier sehr hoch, da das Produkt nur an den Käufer übergeben wird, wenn der Käufer den Betrag an den Zusteller bezahlt. Somit hat der Verkäufer eine garantierte Zahlung. Und auch der Käufer hat eine garantierte Lieferung der Ware, da diese vor der Bezahlung zuerst geliefert werden muss.

Die Schnelligkeit beim Versand ist hier auch höher, da der Verkäufer auf keine Zahlungsbestätigung warten muss und er somit die Ware direkt nach Bestellung verschicken kann.

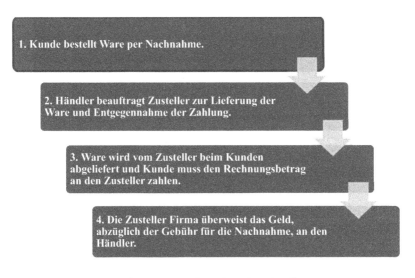

Abbildung 10. Transaktionsablauf bei Nachnahme (Quelle: Eigene Darstellung)[37]

---

[37] Eigene Darstellung

6.4 Kreditkarte

Die Zahlung mit Kreditkarte gehört ebenfalls noch zu den traditionellen Zahlungsmitteln. Kreditkartenzahlung wird im Internet häufig für Hotelbuchungen oder Flugtickets verwendet. Bei einer Kreditkarte werden alle getätigten Zahlungen am Ende des Monats vom Konto abgebucht. Es gibt aber auch Kreditkarten als Prepaid Version. Dazu muss eine der Prepaid-Kreditkarten gekauft werden und diese mit einem Guthaben aufgeladen werden. Somit können Zahlungen wie mit einer normalen Kreditkarte getätigt werden. Beim Einkauf mit einer Kreditkarte, muss der Name, das Gültigkeitsdatum der Karte, die Kartennummer und die Prüfnummer der Karte angegeben werden.

Die Sicherheit ist hier ein sehr wichtiger Punkt, da es oft zum Missbrauch der Karte kommen kann. Im Internet wird für die Kreditkartenzahlung, wie auch bei vielen anderen Zahlungssystemen der SSL verwendet. Aber auch SET wird bei Kreditkarten verwendet. Bei SSL, wie bereits erwähnt, wird die Kommunikation zwischen Server und Client verschlüsselt übertragen. Durch die Verschlüsselung wird vom Server ein Zertifikat an den Client geschickt. Die Authentizität sollte dadurch gegeben sein, jedoch kann jeder Betreiber eines Servers sich ein SSL Zertifikat erstellen lassen. Deshalb kann der Käufer nicht sicher sein, ob der Händler auch wirklich der ist, der er vorgibt zu sein. Aber auch der Händler kann sich nicht sicher sein, ob der Käufer wirklich der Kartenbesitzer ist. Denn mit einer Kreditkarte kann jeder bezahlen, da die Prüfnummer und Kartennummer auf der Karte stehen und somit beim Diebstahl jeder damit im Internet bezahlen kann.[38] Die Verwendung von SET soll eine höhere Sicherheit und Authentizität bieten. Höft schrieb 2002 „Das SET-System ist für Händler und Kunden sehr sicher. Der Kunde hat die Gewissheit, dass er mit einem registrierten Händler kommuniziert und der Händler bekommt von dem SET-Anbieter eine Zahlungsgarantie".[39] Jedoch müssen sich beide Seiten bei einem Trust-Center registrieren und außerdem sind beim SET die Kosten für den Händler höher.[40] Der

---

[38] Vgl. Weber, Caroline Beatrix (2002): Zahlungsverfahren im Internet: Zahlung mittels Kreditkarte, Lastschrift und Geldkard, S.24 f, Köln: Verlag Dr. Otto Schmidt KG
[39] Höft, Marc (2002): Zahlungssysteme im Electronic Commerce: ePayment im Onlineshop, S.57, Norderstedt: Books on Demand
[40] Vgl. Höft, Marc (2002): Zahlungssysteme im Electronic Commerce: ePayment im Onlineshop, S.57, Norderstedt: Books on Demand

Kunde kann Zahlungen mit SET nur am heimischen Computer ausführen, da eine auf dem Computer installierte Software benötigt wird.

Bei der Zahlung mittels Kreditkarte entstehen für den Händler ebenfalls Kosten. Es muss ein sogenanntes Disagio gezahlt werden. Disagio ist ein bestimmter Abschlag, den der Händler an das Kreditinstitut zahlen muss. Dieser ist ein vereinbarter Prozentsatz vom Verkaufspreis. Oft liegt dieser Satz zwischen 3-5% des Verkaufspreises. Für den Kauf im Inland oder innerhalb EU muss der Käufer i.d.R. keine Gebühren bezahlen. Kauft man jedoch etwas außerhalb der EU wie z.B. in den USA, so muss man auch als Käufer eine Gebühr bezahlen die auch vom Kaufpreis abhängig ist. Ein Vorteil für den Kartenbesitzer besteht darin, dass erst am Ende des Monats alle getätigten Transaktionen abgebucht werden. Dadurch muss der Käufer nicht sofort zahlen und er hat einen genauen Überblick über die Abbuchungen, da alle Tätigkeiten auf der Abrechnung am Monatsende aufgelistet sind.

Für den Käufer ist hier keine sehr hohe Anonymität geboten, da sowohl Lieferadresse als auch die Daten der Kreditkarte an den Händler gesendet werden. Deshalb sollte auch hier darauf geachtet werden, dass die Daten verschlüsselt übermittelt werden.

6.5 Micro/Macropayment

Die Internet Zahlungssysteme werden in Micro- und Macropayments unterteilt. In der Literatur gibt es keine bestimmte Definition für welche Summen Mirco- und Macropayments stehen. So definiert Dannenberg Micropayments ab einer Summe von 5 Cent bis 2,50 Euro.[41] Suppan dagegen definiert Micropayment als Zahlungen zwischen 5 Cent und 5 Euro.[42] Bei Macropayment ist dies der gleiche Fall. Dannenberg kategorisiert Macropayment für Zahlungen ab 500 Euro und Meier dagegen bezeichnet Macropayments schon bei Summen ab 10 Euro.[43]

[41] Vgl. Dannenberg/Ulrich (2004): E-Payment und E-Billing: Bezahlsysteme für Mobilfunk und Internet,S.32, Wiesbaden: Gabler Verlag
[42] Vgl. Suppan, Angela (2004): ePayment, S. 14, München: GRIN-Verlag
[43] Vgl. Pfanner, Tobias (2010): Zahlungssysteme im Internet, S.5, München: GRIN-Verlag

Durch diese Kategorisierungen können keine genauen Aussagen darüber erfolgen, welches Zahlungssystem in welche Kategorie fällt. Jedoch kann gesagt werden, dass der Kauf von digitalen Medien wie Zeitschriften eher zu den Micropayments gehört, da diese oft sehr günstig angeboten werden und einzelne Artikel sogar für einige Cent gekauft werden können. ClickandBuy wäre somit ein Beispiel für ein Micropayment System. Den Anbieter PayPal kann dagegen als Macropayment bezeichnet werden. Mit PayPal sind auch größere Zahlungen möglich. Auf der Internetplattform Ebay kann man Waren, die einen Wert über 500 Euro haben, mit dem Zahlungssystem PayPal bezahlen.

6.6 PayPal

Das Zahlungsunternehmen PayPal wurde 1998 gegründet, ist seit 2002 ein Unternehmen von Ebay und ist eines der führenden Zahlungsunternehmen im Internet. Allein in Deutschland hat PayPal mehr als 15 Millionen Kunden.[44] Durch die Übernahme von Ebay wurde für Käufer und Verkäufer auf Ebay der Zahlungsprozess erleichtert. I.d.R. hat man per Vorkasse oder Nachnahme bezahlt. Durch den Einsatz von PayPal kann unverzüglich bezahlt werden und es hat zudem den Vorteil der Sicherheit, da die Bankdaten nicht weitergegeben werden müssen.

Mit PayPal können Zahlungen online durchführt und auch online empfangen werden. Lediglich muss man sich bei PayPal registrieren, damit man den Service nutzen kann. Dabei bietet PayPal zwei verschiedene Kontotypen an, nämlich die des Privatkunden und die des Geschäftskunden. Auch ermöglicht PayPal Zahlungen von Privatpersonen an andere Privatpersonen. Dazu muss nur die registrierte Email Adresse des Empfängers bekannt sein. Es werden keine weiteren Daten wie z.B. Namen oder Kontonummer benötigt. Allein durch die E-Mail Adresse wird der Kunde zugeordnet.[45]

Für das Privatkonto sowie das Geschäftskonto gibt es einige Unterschiede. Die Anmeldung, egal ob privat oder geschäftlich ist für jeden kostenlos und auch das

---

[44] Vgl. PayPal: Zahlen und Fakten zu PayPal, URLhttps://www.paypal-deutschland.de/presse/unternehmen/zahlen.html [Stand: 17.05.2011; Erstellung: o.J.]
[45] Vgl. Dombret, Bastian (2008): Zahlungssysteme im Internet: Marktüberblick und Perspektiven, S.33, Norderstedt: Books on Demand Verlag

Bezahlen bei beiden Kontotypen ist kostenlos.[46] Für Privatkunden fallen bei der Bezahlung keine monatlichen Gebühren an. Es fallen nur Gebühren beim Empfangen von Zahlungen an. Beim Geschäftskonto fallen lediglich nur Gebühren für den Empfang von Zahlungen an. Ebenfalls müssen keine monatlichen Fixkosten bezahlt werden. Für den Empfang von Euro Zahlungen aus der EU fallen höchstens 1,9% der Summe und dazu noch 0,35 Euro.[47]

Abbildung 11 zeigt die Gebühren für Geschäftskunden und Abbildung 12 die Gebühren für Privatkunden.

Monatlicher Umsatz mit PayPal	Empfangene Zahlung in Euro aus EU, Norwegen, Island und Liechtenstein	Sonstige Länder und sonstige Währungen
Bis 5.000 Euro	1,9% + 0,35 Euro	3,9% + 0,35Euro
5.001 – 25.000 Euro	1,7% + 0,35 Euro	3,7% + 0,35 Euro
25.001 – 50.000 Euro	1,5% + 0,35 Euro	3,5% + 0,35 Euro
> 50.000 Euro	1,2% + 0,35 Euro	3,2% + 0,35 Euro

Abbildung 11. Gebühren für Geschäftskunden (Quelle: PayPal)[48]

Geld empfangen in Euro aus Deutschland oder anderen Ländern der EU	1,9% + 0,35 Euro
Geld empfangen aus sonstigen Ländern oder in anderen Währungen	3,9% + 0,35Euro
Geld in eine andere Währung umrechnen	2,5 % auf den marktüblichen Wechselkurs

Abbildung 12. Gebühren für Privatkunden (Quelle: PayPal)[49]

---

[46] Vgl. PayPal: PayPal-Lösungen, URL: https://www.paypal-deutschland.de/presse/unternehmen/produkte.html [Stand: 17.05.2011; Erstellung: o.J.]
[47] Vgl. PayPal: Konto gratis, keine Fixkosten, URL: https://www.paypal-deutschland.de/haendler/paypal-fuer-haendler/vorteile/kosteneffizienz.html [Stand: 17.05.2011; Erstellung: o.J.]
[48] Vgl. PayPal: Konto gratis, keine Fixkosten, URL: https://www.paypal-deutschland.de/haendler/paypal-fuer-haendler/vorteile/kosteneffizienz.html [Stand: 17.05.2011; Erstellung: o.J.]

PayPal besitzt für Händler auch eine Express-Kaufabwicklung die sich in die Online-Shops integrieren lässt. Damit erfolgt der Bezahlvorgang in deutlich weniger schritten. Dabei muss der Käufer nur auf den PayPal Button klicken und gelangt direkt auf die PayPal Webseite. Hier muss er sich dann nur in sein PayPal-Konto einloggen und die Zahlung und Lieferadresse bestätigen. Private Daten müssen nicht erneut eingeben werden, da diese bereits in PayPal gespeichert sind. Nach der Bestätigung gelangt man wieder auf die Seite des Online-Shops und muss nur noch auf den bestellen Button klicken.[50] Abbildung 13 verdeutlicht dieses Prinzip.

Abbildung 13. Kaufprozess mit PayPal Express (Quelle: PayPal)[51]

Wie bereits erwähnt, müssen beim Bezahlen mit PayPal keine privaten Daten wie Kontonummer an den Händler übermittelt werden. Bei der Registrierung auf PayPal werden alle benötigten Daten eingegeben. Dazu gehört unter der Adresse auch die Bankverbindung. Wird eine Bankverbindung bei PayPal hinterlegt, können Zahlungen getätigt werden, ohne vorher Geld auf sein PayPal Konto zu transferieren. Beim Bezahlvorgang wird das Geld dann direkt an den Empfänger transferiert. Dem Käufer wird dann per Lastschrift der Betrag von PayPal abgebucht. Dies bezeichnet man auch als sogenannte Inkassosysteme. Bei Inkassosystemen erteilt der Kunde dem Händler eine Einzugsermächtigung. Dem Händler wird das Geld dann direkt von PayPal

---

[49] Vgl. PayPal: Kostenloserererer Online Bezahlen, URL: https://www.paypal-deutschland.de/privatkunden/was-ist-paypal/gebuehren.html [Stand: 17.05.2011; Erstellung: o.J.]
[50] Vgl. PayPal: PayPal-Lösungen, URL: https://www.paypal-deutschland.de/presse/unternehmen/produkte.html [Stand: 17.05.2011; Erstellung: o.J.]
[51] Vgl. PayPal: PayPal Express, URL: https://www.paypal-deutschland.de/haendler/unsere-loesungen/loesungsueberblick/express-kauf.html [Stand: 17.05.2011; Erstellung: o.J.]

gutgeschrieben und nicht vom Käufer transferiert. Neben der Lastschrift besteht aber auch die Möglichkeit im Voraus Geld auf sein PayPal Konto zu überweisen. Das überwiesene Geld wird dann im Konto als Guthaben angezeigt und kann auch fortan für Zahlungen über PayPal verwendet werden.

Sicherheit ist bei PayPal ein sehr wichtiges Thema. Ein wichtiger Sicherheitsaspekt bei PayPal ist, dass wie bereits erwähnt, die Bankverbindung nicht an den Händler übermittelt werden muss. Die Bankverbindung wird bei der Registrierung gespeichert und nicht an den Händler weiter gegeben. Das Geld wird auf die Bank von PayPal überwiesen und dann von da aus auf das Konto des Kunden. Somit können die Daten nicht vom Händler missbraucht werden und die Übermittlung der Daten findet nicht bei jeder Bezahlung statt.

PayPal bietet auch einen Käufer- und Verkäuferschutz an. Der Käuferschutz ist für die Plattform Ebay ein zusätzlicher Sicherheitsfaktor. Wird auf Ebay mit PayPal bezahlt, hat man Anspruch auf den Käuferschutz. Dieser setzt ein, wenn die bestellte Ware nicht der Artikelbeschreibung entspricht oder der Verkäufer die Ware nicht versendet hat. Lediglich muss innerhalb von 45 Tagen der Käuferschutz beantragt werden, da danach die Frist abläuft.[52]

Dies ist jedoch manchmal problematisch und nicht so einfach wie PayPal es vorgibt zu sein. Dazu ein Beispiel welches bei einem Kauf bei Ebay geschehen ist: Auf der Internet Plattform Ebay wurden zwei Spiegel im Wert von 179,90 Euro von einem ausländischen Anbieter gekauft. Diese wurden mit PayPal bezahlt. Als diese Spiegel bei der Lieferadresse eingetroffen sind, hat sich jedoch herausgestellt, dass die Spiegel nicht denen in der Produktbeschreibung entsprechen. Der Käufer hat das dem Verkäufer mitgeteilt, jedoch hat dieser nicht reagiert. Daraufhin wurde der PayPal Käuferschutz kontaktiert und es wurde mitgeteilt was an dem Produkt falsch ist. PayPal verlangte Fotos auf denen die Fehler zu sehen waren und auch musste eine beglaubigte Bestätigung von einem Amt ausgestellt werden. Für die Bestätigung wurde von PayPal eine Frist von zwei Wochen gesetzt. Die Fehler wurden von der Deutschen Post, nach Zahlung einer Bearbeitungsgebühr, bestätigt. Die Unterlagen wurden anschließend an

---

[52] Vgl. PayPal: PayPal Käuferschutz: Sicher Online Einkaufen, URL: https://www.paypal-deutschland.de/sicherheit/schutzprogramme/kaeuferschutz.html [Stand: 17.05.2011; Erstellung: o.J.]

PayPal gefaxt und PayPal antwortete daraufhin, dass die Bearbeitung ca.4 Wochen dauern wird. Nach 6 Wochen hatte PayPal sich immer noch nicht gemeldet. Nach einer Aufforderung auf den Tatbestand zu antworten, schrieb PayPal, dass der Artikel zuerst vernichten werden sollte und dies wieder von einem Amt bestätigt werden muss. Es wurde aber nicht gesagt, ob das Geld erstattet wird. Dafür wurde wieder eine Frist von zwei Wochen gesetzt. Als aber angefragt wurde, ob das Geld denn auch garantiert zurück erstattet wird, kam die Antwort erst nach 2 Wochen. In diesem Schreiben teilte PayPal zwar mit, dass das Geld dann zwar erstattet werde, aber die Frist von zwei Wochen sei schon abgelaufen und somit bestände kein Recht mehr auf den Käuferschutz. Dies hat gezeigt, dass der Käuferschutz in manchen Fällen mit zusätzlichen Kosten verbunden ist und auch einen erheblichen Zeitaufwand fordert.[53]

Für die Verkäufer gibt es den sogenannten Verkäuferschutz. Dieser tritt ein, wenn der Käufer seine Lastschrift widerruft, das Käuferkonto nicht gedeckt ist oder der Käufer sich zu Unrecht beim Käuferschutz beschwert hat.[54]

PayPal nutzt das SSL Sicherheitsprotokoll und verwendet einen 128 Bit-Schlüssel zur Verschlüsselung.[55] Die SSL Verschlüsselung ist erkenntlich, wie bereits in Kapitel 5.1 erwähnt, am „https" anstatt des unverschlüsselten „http". Zusätzlich zur SSL Verschlüsselung bietet PayPal auch einen Sicherheitsschlüssel an, der bei jeder Anmeldung angegeben werden muss. Dieser Schlüssel wird für jede Anmeldung neu generiert und per SMS zugesendet.[56]

Die Zahlung erfolgt innerhalb von Sekunden und der Händler erhält direkt nach Zahlungseingang eine Bestätigung. Durch die schnelle Benachrichtigung von nur einigen Sekunden können beide Seiten direkt einsehen ob die Bezahlung realisiert wurde. Der Händler kann dann die Ware direkt versenden und muss nicht erst wie bei

---

[53] Eigene Quelle
[54] Vgl. PayPal: PayPal schiebt Zahlungsausfällen einen Riegel vor, URL: https://www.paypal-deutschland.de/sicherheit/schutzprogramme/verkaeuferschutz-details.html [Stand: 17.05.2011; Erstellung: o.J.]
[55] Vgl. PayPal: PayPal- Wie ein Schliessfach für ihre Daten, URL: https://www.paypal-deutschland.de/sicherheit/schutzprogramme/datenschutz.html [Stand: 17.05.2011; Erstellung: o.J.]
[56] Vgl. PayPal: ihre Ziffern für den Extra-Schutz, URL: https://www.paypal-deutschland.de/sicherheit/kontoschutz/sicherheitsschluessel.html [Stand: 17.05.2011; Erstellung: o.J.]

einer normalen Überweisung einige Tage darauf warten, dass das Geld auf seinem Konto verbucht wird.

Die Abbildung 14 verdeutlicht wie die einzelnen Schritte der PayPal Zahlung ablaufen.

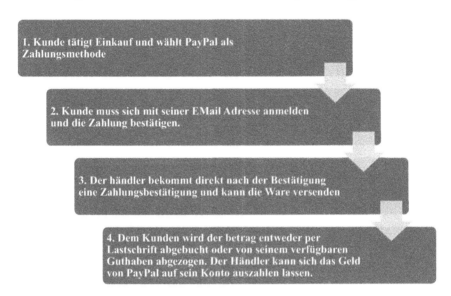

Abbildung 14. Transaktionsablauf PayPal (Quelle: Eigene Darstellung)[57]

6.7 Paysafecard

Die Paysafecard ist eine Prepaid Karte, die im Jahre 2001 von der Paysafecard.com AG ins Leben gerufen wurde.[58] Im Jahr 2010 wurden über 35 Millionen Transaktionen mit der Paysafecard durchgeführt. Im Gegensatz zu 2009 ist dies eine Steigerung von 40%.[59] Die Paysafecard ist eine Scratch-Card die in verschiedenen Verkaufsstellen wie z.B. Tankstellen oder auch im Einzelhandel gekauft werden kann. Die Karte ist im

---

[57] Eigene Darstellung
[58] Vgl. Lo Coco, Thomas (2008): Akzeptanz von E-Payment, S.18, München: GRIN Verlag
[59] Vgl. Paysafecard Group: Paysafecard.com Wertkarten AG im zehnten Jahr weiter auf Erfolgskurs, URL: http://www.paysafecardgroup.com/presse/pressemitteilungen/details/article/paysafecardcom-wertkarten-ag-im-zehnten-jahr-weiter-auf-erfolgskurs.html [Stand: 18.05.2011; Erstellung: 03.03.2011]

Vorfeld mit einem Guthaben aufgeladen. Dabei kann man auswählen zwischen 10 Euro, 25 Euro, 50 Euro oder 100 Euro. Die Kosten der Karte entsprechen somit dem gewählten Betrag. Folglich ist für den Erwerb der Karte eine Registrierung nicht erforderlich. Die Karte wird Anonym gekauft. Auf der Rückseite der Karte befindet sich ein Feld welches frei gerubbelt werden muss. Dort findet man einen 16-stelligen Code, der für den Einkauf nötig ist.

Viele Online-Shops bieten die Zahlung per Paysafecard an. Oft wird die Paysafecard auch für Zahlungen von elektronischen Dokumenten im Internet benutzt. Hier ist der Vorteil, dass gar keine privaten Daten weiter gegeben werden, denn die elektronischen Dokumente werden nach Zahlung an die eigene Email Adresse verschickt. Die eigenen Kontodaten müssen bei Zahlung mit der Karte nicht weitergegeben werden. Man muss höchstens die Lieferadresse angeben, falls ein Produkt auf dem Postweg geliefert werden muss. Bei der Zahlung muss man den Code von der Paysafecard eingeben. Ein Paysafecard-Server überprüft dann den Code sowie die ausreichende Deckung des Guthabens. Reicht das Guthaben aus, so wird die Paysafecard mit der Summe belastet.[60] Reicht das Guthaben einer Karte nicht aus, so können mehrere Karten für die Zahlung verwendet werden, falls vorhanden.

Die Zahlungssicherheit ist für den Verkäufer sehr hoch, da dieser das Geld garantiert bekommt. Der Händler hat hier kein Risiko, dass die Zahlung ausfällt. Denn es wird nur eine Zahlung durchgeführt wenn die Karte auch über genügend Guthaben verfügt. Für den Käufer ist ebenfalls eine hohe Sicherheit geboten. Oft werden die Karten vom Käufer für Online Wetten benutzt. Sobald der Käufer auf einer Online Wettbörse eine Zahlung tätigt, bekommt der Betreiber der Wettbörse das Geld auf sein Konto gutgeschrieben. Für die Übertragung der Zahlung wird auch hier SSL verwendet. Um sicher zu gehen, dass die Händler autorisiert sind, öffnet sich beim Zahlvorgang ein Fenster im Browser welches mit der Adresse „https://customer.cc.at.paysafecard.com/" anfängt. Durch diese Adresse wird sichtbar, dass ein Zertifikat ausgestellt wurde. Wie

---

[60] Vgl. Lo Coco, Thomas (2008): Akzeptanz von E-Payment, S.18, München: GRIN Verlag

bereits erwähnt sieht man auch am anhängenden „s" am „http", also „https", dass SSL verwendet wird.[61]

Die Schnelligkeit ist hier auch sehr hoch, da die Zahlung sofort erfolgt und nicht erst noch vom Bankkonto abgebucht werden muss. Nach Überprüfung des Codes und dem verfügbaren Guthaben wird die Summe direkt dem Händler gutgeschrieben und auch direkt vom Guthaben der Karte abgezogen. Dadurch hat der Käufer eine direkte Übersicht über sein noch verfügbares Guthaben und der Händler erhält auch direkt eine Zahlungsbestätigung.

Die Kosten bei der Paysafecard sind gering für den Händler, der Paysafecard als Zahlungsmethode anbietet. Dem Nutzer entstehen neben der Anschaffung der Karte mit entsprechendem Guthaben keine zusätzlichen Kosten. Diese beträgt Minimum 10 Euro Auch wenn diese nicht direkt genutzt werden, muss das Minimum von 10 Euro bezahlt werden. Für den Online Händler fallen ebenfalls keine Fixkosten an. Der Händler muss aber eine vereinbarte Marge pro erfolgreiche Transaktion bezahlen.[62]

Anonymität ist hier auch gegeben. Denn weder Kunde noch Händler müssen hier Daten weiter geben. Soll eine Bestellung geliefert werden, wird die Lieferanschrift benötigt. Auch Produkte im Internet können anonym erworben werden wie z.B. Online Dokumente die dann an die E-Mail Adresse versendet werden.

Eine hohe Authentizität ist jedoch nicht gegeben, da der Händler nicht weis ob der Kartenbesitzer wirklich der ist wer er vorgibt zu sein, aber auch der Kartenbesitzer oft nicht weis ob der Händler seriös ist, da keine Daten über den Händler einsichtlich sind. Dadurch wird wiederum die Anonymität ermöglicht.

Abbildung 15 zeigt den Transaktionsablauf der Paysafecard.

---

[61] Paysafecard.com: Paysafecard sicher nutzen, URL:
http://www.paysafecard.com/de/informieren/sicherheit/paysafecard-sicher-nutzen/ [Stand: 18.05.2011; Erstellt: o.J.]
[62] Paysafecard.com: FAQs, URL: http://www.paysafecard.com/de/business-footer/faq/#irfaq_3_c7350 [Stand: 18.05.2011; Erstellt: o.J.]

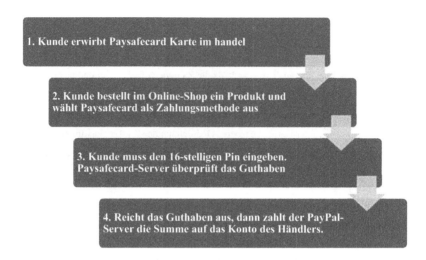

1. Kunde erwirbt Paysafecard Karte im handel

2. Kunde bestellt im Online-Shop ein Produkt und wählt Paysafecard als Zahlungsmethode aus

3. Kunde muss den 16-stelligen Pin eingeben. Paysafecard-Server überprüft das Guthaben

4. Reicht das Guthaben aus, dann zahlt der PayPal-Server die Summe auf das Konto des Händlers.

Abbildung 15. Transaktionsablauf Paysafecard (Quelle: Eigene Darstellung)[63]

6.8 ClickandBuy

ClickandBuy ist einer der populärsten Zahlungssysteme für digitale Güter wie z.B. Musik oder elektronische Dokumente. Es kann aber nur bei Online-Shops bezahlt werden. Zahlungen zwischen Privatpersonen wie es der Fall bei PayPal ist, sind hier nicht möglich.[64]

Für die Nutzung von ClickandBuy muss ein Konto angelegt und die Bankverbindung oder eine Kreditkarte hinterlegt werden, damit die Zahlungen eingezogen werden können. Die Registrierung ist kostenlos. Nur die Auszahlung des Guthabens oder Aufladung von Geld auf das Konto per Kreditkarte ist entgeltpflichtig. In Abbildung 16 werden die Clickandbuy Gebühren aufgelistet.

---

[63] Eigene Darstellung
[64] Vgl. Dombret, Bastian (2008): Zahlungssysteme im Internet: Marktüberblick und Perspektiven, S.38, Norderstedt: Books on Demand Verlag

Funktion	Kosten
Transaktion	Kostenlos
Guthaben aufladen	Aufladung mit Kreditkarte 3,9% der aufzuladenden Summe. Bei Lastschrift kostenlos
Kontoerstellung	Kostenlos
Auszahlung	1,85€ Je Auszahlung

Abbildung 16. Gebühren ClickandBuy (Quelle: ClickandBuy)[65]

Die Zahlung läuft im Prinzip wie bei PayPal ab. Wird die Zahlungsmethode ClickandBuy ausgewählt, muss man sich beim Bezahlvorgang mit seiner E-Mail Adresse und Passwort anmelden, damit die Zahlung bestätigt wird.

ClickandBuy ist ein System für Micropayment, da hier überwiegend kleine Beträge transferiert werden. Die Zahlungen werden am Ende des Monats als komplette Endsumme vom Konto abgebucht.

Durch diese Art der Bezahlung muss die Bankverbindung nicht an den Händler weitergeleitet werden. Dies schützt vor Missbrauch. Eine SSL Verbindung wird auch bei ClickandBuy verwendet.

Wie bei PayPal wird auch bei ClickandBuy die Zahlung sofort durchgeführt. Der Händler bekommt direkt nach der Zahlung die Bestätigung. Der Kunde kann auch direkt auf seinem Konto die Zahlung einsehen.

Beim Kauf von digitalen Medien wird eine vollkommene Anonymität geboten. Der Händler hat keinen Einblick auf die privaten Daten des Käufers. Dadurch ist aber auch keine Authentizität gewährleistet.

---

[65] Vgl. ClickandBuy: Allgemeine Geschäftsbedingungen für ClickandBuy E-Geldkonten, URL: http://www.clickandbuy.com/DE_de/agb.html#c955 [Stand: 18.05.2011; Erstellt: o.J.]

6.9 Bewertung der Zahlungssysteme

Die nachfolgende Tabelle zeigt einen Vergleich der hier behandelten Zahlungssysteme im Internet. Es werden auch die traditionellen Zahlungssysteme bewertet, da diese immer noch zu den meist genutzten Zahlungsmethoden gehören.

Verglichen werden die Punkte Sicherheit für Käufer und Händler, Akzeptanz der einzelnen Verfahren, Schnelligkeit der Zahlung, Anonymität, Kosten für Käufer und Händler und die Bedienung für die einzelnen Verfahren. Bewertet werden die einzelnen Kriterien in Schulnoten von 1 bis 6. Wobei 1 für sehr gut und 6 für ungenügend steht. Dabei ist zu beachten, dass die Bewertung aus eigener Einschätzung und Erfahrung entstanden ist und sich nicht zwangsweise auf andere Vergleiche aus der Literatur oder dem Internet bezieht.

Verfahren	Sicherheit Händler	Sicherheit Käufer	Akzep-tanz	Kosten Händler	Kosten Käufer	Anonymi-tät	Be-dienung	Schnellig-keit
Über-weisung	1	3	1	1	1	4	3	3
Lastschrift	4	2	2	1	1	5	2	2
Nach-nahme	1	1	1	3	3	2	1	2
Kredit-karte	3	3	2	2	1	6	2	2
PayPal	2	2	2	2	1	2	1	1
Paysafe-card	2	2	2	2	2	2	1	1
Clickand-Buy	1	1	3	2	1	1	1	1

Abbildung 17. Bewertung der Zahlungssysteme (Quelle: Eigene Darstellung)[66]

---

[66] Eigene Darstellung

7. Fazit

Zahlungssysteme im Internet sind immer weiter verbreitet und für viele Einkäufe im Internet auch sehr sinnvoll einsetzbar. Die Sicherheitsverfahren werden immer besser und somit kommt es auch zu immer weniger ausfällen der Zahlungssysteme. Es ist deutlich erkennbar, dass die traditionellen Zahlungssysteme immer noch führend sind und einen sicheren Eindruck vermitteln. Für die Zukunft kann gesagt werden, dass die traditionellen Zahlungsmethoden weiterhin die meiste Akzeptanz haben werden, jedoch werden die Zahlungssysteme wie PayPal oder die Paysafecard immer mehr an Akzeptanz gewinnen.

Für die Käufer gibt es oft einen speziellen Schutz (z.B. PayPal Käuferschutz) wodurch beim Einkaufen ein sicheres gefühlt entsteht. Die kostenlose Anmeldung und kostenlose Zahlung durch die Zahlungssysteme ist ebenfalls ein wichtiges und entscheidendes Kriterium für das Wachstum und die Beliebtheit der Zahlungssysteme. Müsste für jede Transaktion eine Provision oder Gebühr errichtet werden, so würden die Systeme garantiert an Akzeptanz verlieren und sich nicht etablieren können.

Auch der Internet-Handel wächst stetig. Damit die Prozesse schneller ablaufen und Kunden zufriedener sind, werden auch Zahlungssysteme benötigt, die schnell und vor allem sicher sind. Erfüllt ein Zahlungssystem alle Kriterien die für den Käufer und den Händler wichtig sind, dann steht einem erfolgreichen und weit verbreiteten und akzeptierten Zahlungssystem nichts mehr im Weg.

Welches Zahlungssystem pauschal am besten geeignet ist lässt sich nicht sagen. Jedes System hat seine eigenen Vor- und Nachteile. Manche bieten mehr Sicherheit, manche sind schneller und manche bieten mehr Anonymität. Nur durch eigene Erfahrungen mit den verschiedenen Systemen sollte jeder für sich selbst entscheiden, welches System das geeignete für einen selber ist. Viele Systeme haben ähnliche Eigenschaften. Dadurch besteht die Chance, dass sich einige Systeme durchsetzen können und nicht eine bestimmte Zahlungsmethode als Sieger hervor gehen wird und somit auch den traditionellen Zahlungssystemen Konkurrenz machen können.

Da viele Systeme erst vor einigen Jahren eingeführt wurden und noch in der Marktdurchdringungsphase sind, kann jetzt noch nicht gesagt werden, welches sich durchsetzen wird. Dies wird sich in einigen Jahren zeigen, wenn sich die Systeme etabliert haben und genauere Zahlen zur Auswertung verfügbar sind.

Bis dahin, sollte jeder selbst ausprobieren, welches System für sich selbst am besten geeignet ist. Jedoch sollten die privaten Daten im Netz achtsam und nicht wahllos veröffentlicht werden, da so die Gefahr vor Datenmissbrauch viel höher ist.

Literaturverzeichnis

Bücher:

-Angeli, Susanne / Kundler, Wolfgang (2009): Der Online-Shop – Handbuch für Existenzgründer – Business-Plan, eShop-Systeme, ePayment, Behörden, Online-Recht, Marketing u.v.m. 3.Auflage, München: Markt+Technik Verlag

-Bächle, Michael und Lehmann, Frank R. (2010): E-Business: Grundlagen elektronischer Geschäftsprozesse im Web 2.0, München: Oldenbourg Wissenschaftsverlag

-Dannenberg/Ulrich (2004): E-Payment und E-Billing: Bezahlsysteme für Mobilfunk und Internet, Wiesbaden: Gabler Verlag

-Dombret, Bastian (2008): Zahlungssysteme im Internet: Marktüberblick und Perspektiven, Norderstedt: Books on Demand Verlag

-Exner, Andre (2008): Secure Socket Layer – Sicherheit im Internet, München: GRIN-Verlag

-Haftmann, Andreas (2009): Die Bedeutung von Zahlungssystemen im Internet: Eine Analyse des Einflusses der zahlungsverfahren im B2C-E-Commerce, München: GRIN-Verlag

-Hanschke, Johannes (2007): Zahlungsverkehr im Internet, 2. Auflage, GRIN Verlag

-Höft, Marc (2002): Zahlungssysteme im Electronic Commerce: ePayment im Onlineshop, Norderstedt: Books on Demand

-Jonetzki, Antonius (2010): Rechtsrahmen innovativer Zahlungssysteme für das Internet: Am Beispiel von PayPal, Frankfurt: Peter Lang

-Lammer, Thomas (2007): Handbuch E-Money, E-Payment & M-Payment, 1.Auflage, Physica-Verlag

-Lenz/Schmidt (2004): Die elektronische Signatur, 2.Auflage, Deutscher Sparkassenverlag

-Lo Coco, Thomas (2008): Akzeptanz von E-Payment, München: GRIN Verlag

-Meier/Stormer (2009): eBusiness & eCommerce: Management der digitalen Wertschöpfungskette, 2.Auflage, Berlin: Springer Verlag

-Pfanner, Tobias (2010): Zahlungssysteme im Internet, München: GRIN-Verlag

-Rüttinger, Stefan (2003): Homepage-Erfolg: Wie Sie im Internet mehr Geld verdienen, Norderstedt: Books on Demand GmbH

-Suppan, Angela (2004): ePayment, München: Grin-Verlag

-Wannenwetsch, Helmut H. und Nicolai, Sascha (2004): E-Supply-Chain-Management: Grundlagen-Praxisanwendungen-Strategien, 2.Auflage, Gabler Verlag

-Weber, Caroline Beatrix (2002): Zahlungsverfahren im Internet: Zahlung mittels Kreditkarte, Lastschrift und Geldkarte, Köln: Verlag Dr. Otto Schmidt KG

-Wirtz, Bernd W. (2001): Electronic Business, 2.Auflage, Gabler Verlag

Internet:

- ClickandBuy: Allgemeine Geschäftsbedingungen für ClickandBuy E-Geldkonten, URL: http://www.clickandbuy.com/DE_de/agb.html#c955 [Stand: 18.05.2011; Erstellt: o.J.]

- Destatis (2010) - Fast 30 Millionen Menschen kaufen über das Internet ein; URL: http://www.destatis.de/jetspeed/portal/cms/Sites/destatis/Internet/DE/Presse/pm/zdw/20 10/PD10__010__p002.psml [Stand: 10.04.2011; Erstellung: 09.03.2010]

- PayPal: ihre Ziffern für den Extra-Schutz, URL: https://www.paypal-deutschland.de/sicherheit/kontoschutz/sicherheitsschluessel.html [Stand: 17.05.2011; Erstellung: o.J.]

- PayPal: Konto gratis, keine Fixkosten, URL: https://www.paypal-deutschland.de/haendler/paypal-fuer-haendler/vorteile/kosteneffizienz.html [Stand: 17.05.2011; Erstellung: o.J.]

- PayPal: Kostenloserererer Online Bezahlen, URL: https://www.paypal-deutschland.de/privatkunden/was-ist-paypal/gebuehren.html [Stand: 17.05.2011; Erstellung: o.J.]

- PayPal: PayPal Express, URL: https://www.paypal-deutschland.de/haendler/unsere-loesungen/loesungsueberblick/express-kauf.html [Stand: 17.05.2011; Erstellung: o.J.]

- PayPal: PayPal-Käuferschutz, URL: https://www.paypal-deutschland.de/sicherheit/schutzprogramme/kaeuferschutz.html [Stand: 17.04.2011; Erstellung: o.J.]

- PayPal: PayPal-Lösungen, URL: https://www.paypal-deutschland.de/presse/unternehmen/produkte.html [Stand: 17.05.2011; Erstellung: o.J.]

- PayPal: PayPal schiebt Zahlungsausfällen einen Riegel vor, URL: https://www.paypal-deutschland.de/sicherheit/schutzprogramme/verkaeuferschutz-details.html [Stand: 17.05.2011; Erstellung: o.J.]

- PayPal: PayPal- Wie ein Schliessfach für ihre Daten, URL: https://www.paypal-deutschland.de/sicherheit/schutzprogramme/datenschutz.html [Stand: 17.05.2011; Erstellung: o.J.]

- PayPal: Zahlen und Fakten zu PayPal, URLhttps://www.paypal-deutschland.de/presse/unternehmen/zahlen.html [Stand: 17.05.2011; Erstellung: o.J.]

- Paysafecard.com: FAQs, URL: http://www.paysafecard.com/de/business-footer/faq/#irfaq_3_c7350 [Stand: 18.05.2011; Erstellt: o.J.]

- Paysafecard.com: Paysafecard sicher nutzen, URL: http://www.paysafecard.com/de/informieren/sicherheit/paysafecard-sicher-nutzen/ [Stand: 18.05.2011; Erstellt: o.J.]

- Paysafecard Group: Paysafecard.com Wertkarten AG im zehnten Jahr weiter auf Erfolgskurs, URL: http://www.paysafecardgroup.com/presse/pressemitteilungen/details/article/paysafecard com-wertkarten-ag-im-zehnten-jahr-weiter-auf-erfolgskurs.html [Stand: 18.05.2011; Erstellung: 03.03.2011]

- SRBG - Kreditkarte und Gebühren – Welche können anfallen?; URL: http://srbg.de/kreditkarte-und-gebuehren-welche-koennen-anfallen.html [Stand 13.04.2011; Erstellung: o.J.]

- Statista (2010) – Welche Zahlungsarten nutzen Sie für Einkäufe im Internet; URL: http://de.statista.com/statistik/daten/studie/2631/umfrage/genutzte-zahlungsarten-fuer-einkaeufe-im-Internet/ [Stand: 16.04.2011; Erstellung: 19.05.2010]